AF226684

INVENTAIRE
Ye 16,593

CANTIQUES

DES

CONGRÉGATIONS,

OU

NOUVELLE INTERPRÉTATION EN VERS DES VÊPRES ET COMPLIES DU DIMANCHE, ET DU PSAUME *EXURGAT DEUS*, SELON LES SAINTS-PÈRES ET AUTRES COMMENTATEURS.

Memor esto Congregationis tuæ, Domine, quam possedisti ab initio. Ps. 73. v. 2.

A LISIEUX,

CHEZ TISSOT, IMPRIMEUR-LIBRAIRE.

[1825.]

CANTIQUE

DES

CONGRÉGATIONS,

OU

NOUVELLE INTERPRÉTATION EN VERS DES VÊPRES ET COMPLIES DU DIMANCHE, ET DU PSAUME *EXURGAT DEUS*, SELON LES SAINTS-PÈRES ET AUTRES COMMENTATEURS.

Memor esto Congregationis tuæ, Domine, quam possedisti ab initio. Ps. 73 . v . 2.

A LISIEUX,

CHEZ TISSOT, IMPRIMEUR-LIBRAIRE.
[1825.]

EPITRE DÉDICATOIRE.

Si tous les vrais Chrétiens sont frères en Jesus-Christ, ils le sont doublement dès qu'ils sont membres d'une Congrégation ou autre association à la Ste.-Vierge.

Vénérables Pasteurs et Pères spirituels des Congrégations instituées par les Missionnaires, c'est à vous qu'on offre la Dédicace de ces petits Poëmes sacrés ; vous pouvez juger de la fidélité qui doit y être en rapport avec l'original, et des motifs qui ont conduit ce travail. Si vous ne pouvez tout approuver également, il y a peut-être quelques endroits qui vous flatteront. En paroissant sous vos auspices, ils pourront produire quelqu'effet salutaire sur les cœurs.

On vous les recommande aussi, vous tous qui composez ces édifiantes associations. Daignez prendre sous votre protection ces beaux Cantiques du Psalmiste, interprétés le plus fidèlement qu'il a été possible.

Femmes et Filles doublement chrétiennes par vos pieux enrôlemens sous la Bannière sans tache de la Reine des anges, protégez aussi ces chants célestes issus de la harpe prophétique du saint Roi David.

Vous comprendrez facilement que ce qui les met en rapport avec vous tous, se prend du Confitebor qui dit, selon le P. Berthier :

« *Je vous louerai, Seigneur, de toute l'étendue de mon cœur dans les assemblées particulières et publiques des justes, ou dans le secret des justes et dans leurs Congrégations.* » Ce secret indique les sociétés particulières.

Le prophète témoigne par-là, dit toujours ce célèbre interprète, qu'il faut bénir, louer et célébrer les grandeurs de Dieu dans les lieux où se trouvent des hommes justes. Il spécifie les justes, parce qu'il n'est pas toujours à-propos de parler de Dieu devant les impies. Ce seroit pour eux souvent une occasion de blasphêmes et de railleries sacrilèges.

Cela prouve que l'origine des Associations, ou Congrégations date de mille ans avant Jésus-Christ, et qu'on a toujours reconnu qu'elles sont d'un grand avantage pour les personnes qui les composent.

Par un Congréganiste.

PRÉFACE.

On ne manque pas d'interprétations des Psaumes plus ou moins exactes en vers et en prose ; souvent on les annonce faites sur la Vulgate et l'hébreu, et cependant il y a toujours quelques différences entr'elles. S'il n'y règne pas de conformité sensible, comme on peut s'en convaincre, surtout dans celles en vers, on n'hésitera peut-être pas à en examiner aussi une nouvelle qui ne ressemble point aux précédentes.

A l'occasion de celle-ci, on peut dire, avec le P. Vassoul, qu'on cherche à dissiper l'obscurité de la lettre, et à présenter une version de ces petits chefs-d'œuvres avec autant de clarté et de franchise, que si le Prophète David qui en est l'auteur, vivoit encore parmi nous, et nous développoit lui-même toute la profondeur de la pensée du Saint-Esprit, en notre langue, et d'une manière bien intelligible.

Malgré cela, on se figure bien que si cette tentative ne réussit pas, ou n'est pas du goût de tout le monde, elle pourra du moins réveiller l'attention de ceux qui sont capables de faire mieux , et les porter à mettre la main à l'œuvre.

L'intention de l'Eglise , en nous faisant chanter les psaumes , n'est pas que nous en prononcions simplement les paroles, mais qu'en les récitant, ou en les chantant, nous en puissions prendre le sens. Elle désire que nous entrions dans l'esprit et les sentimens du Prophète , et que nous nous les appliquions à nous-mêmes, selon que nos misères nous font appercevoir nos besoins, ou que nos besoins nous avertissent de nos misères.

On verra bien que ces psaumes s'appliquent particulièrement à l'Eglise de Jésus-Christ et à ses mystères. En cela, on ne fait que suivre les idées des Saints-Pères , et des plus savans interprètes qui font toujours appercevoir la vérité à travers les ombres de la prophétie , comme Jésus-Christ et les Apôtres l'ont fait appercevoir eux-mêmes.

Si ces beaux Cantiques n'eussent jamais été mis en vers françois , on auroit eu plus de latitude dans les expressions et les rimes. Mais on a consulté la collection de Monchablon, et la traduction de M. de Sapinaud de Boishuguet, afin d'éviter toute rencontre et toute accusation de plagiat. Il a fallu conséquemment prendre d'autres tournures, et chercher d'autres expressions ; car si les plus estimés jusqu'à nos jours, ont en quelque sorte épuisé la langue pour s'approprier les expressions poétiques et les plus convenables au texte, qu'on juge des difficultés qu'offroit un nouveau travail. Mais pour ne pas se rebuter, on a pensé que le génie de la langue françoise seroit peut-être presqu'aussi inépuisable que le fond du sujet. Cette ressource en a produit une autre.

Si le génie des langues hébraïque et latine est d'autant plus sublime qu'elles sont laconiques, on a pensé que celui de la française devoit briller en proportion de son développement.

Comment, en effet, rendre tant de beautés cachées et voilées sans s'étendre ? Comment avoir la monnoie d'une pièce d'or sans un nombre plus grand et de moindre valeur ? Pour le peu qu'on entende ces langues, qu'on en sente la richesse et qu'on en sonde la profondeur, on sait par expérience que l'idiôme françois, de quelque manière qu'on le tourne, ne peut, en aussi peu de mots, faire sentir autant de beautés, appercevoir autant de grandeur et d'élévation dans la pensée.

Autant donc les dévanciers ont cru devoir se restreindre à la briéveté scrupuleuse du texte qui n'est de rigueur qu'en latin, et

paroître fidèles en proportion qu'ils s'enfer-
moient dans un cercle plus étroit , autant
l'auteur de cette nouvelle traduction a jugé
au contraire qu'il falloit s'étendre , et faire
consister sa fidélité à agrandir le cercle en
proportion de la profondeur de la pensée.

C'est par ce moyen qu'il a cru pouvoir
vaincre et éluder les difficultés d'une rencontre servile , qui ne donne d'ailleurs que trop
souvent dans le vague , maladie trop commune aux interprètes des psaumes. _Bre-
vis esse laboro , obscurus fio ,_ dit HORACE.

L'Ecriture Sainte en général , et sur-tout
les psaumes, expriment tant de merveilles et
contiennent tant de mystères, qu'il faut, malgré soi , les commenter pour les développer
à notre intelligence ; car les beautés précises
en ces langues, ne sont, rendues mot à mot
en françois , que du style vague et inintel-
ligible.

On en donneroit mille exemples pour
un ; mais si quelqu'un en doute encore, qu'il
consulte à cet égard St. Jérôme, St. Augustin, St. Ambroise et autres Pères de l'Eglise.
Outre cela, quand on a Berthier, Bellarmin,
Don Calmet, l'abbé du Contant de la Mol-
lette et autres pour garans , on doit avoir
quelqu'assurance ; on doit éviter autant le
laconisme vague et obscur qu'une paraphrase

trop prolixe. Ces auteurs, qui certainement méritent toute considération, affirment qu'il y a dans les psaumes presqu'autant de mystères que de paroles.

Tous les efforts doivent donc être dirigés pour les interpréter d'une manière plus claire qu'ils n'ont été jusqu'alors ? C'est aux compétens à juger si on a approché du but proposé quand au fond.

Car, quand au style et au coloris poétique, il n'est donné qu'à un très-petit nombre d'en atteindre la perfection. On n'a pas cherché non plus à y mêler ces ombres romantiques, inconvenantes dans un sujet sacré. Cette touche affectée, qui gàgne et qui est de très-mauvais goût dans tous les genres, seroit encore ici plus déplacée.

Du reste, on y a apporté d'autant plus d'intérêt que ces psaumes des Vêpres du Dimanche sont les plus généralement connus. On a cherché à en varier le rhythme, et à le conformer au genre de chaque psaume. On les a encore fortifiés par des explications analytiques en prose pour en faire ressortir l'ordre et les beautés.

On s'est flatté que cette lumière qu'on a cherché à y répandre, seroit peut-être capable, par sa naïveté et cette franchise qui

provient d'une antiquité vénérable, de forti-
fier quelques personnes dans la foi catholi-
que et dans la pratique des œuvres spiri-
tuelles ; de faire ouvrir les yeux à ceux qui
jusqu'alors s'en sont tenus trop éloignés, et
d'y attirer ceux qui languissent dans une
trompeuse indifférence.

Car ce ne sont pas là des plaisanteries, ni
des expressions au hasard ; tout notre être y
est intéressé ou compromis.

Dans les psaumes en général, il y a un
charme qui touche les cœurs, et une puissance secrète et inexprimable que l'expérience a toujours vérifiée. Cette poésie lyrique
qui est de la plus haute antiquité, est le chef-
d'œuvre de l'ancien testament qui, lui-même,
est le premier de tous les chefs-d'œuvres.
Quand en aurons-nous donc une traduction
qui puisse aussi passer pour un chef-d'œuvre
en notre langue ?

La reconnoissance commande ici des re-
mercîments justement mérités aux personnes
éclairées que l'auteur à consultées, et aux-
quelles il doit beaucoup de corrections qui
ont rendu son travail moins imparfait. Du
reste, que la Divine Providence en protège
le succès, selon la pureté d'intention, le zèle
et la constance qu'il y a mis, et selon le
bien et le plaisir qu'en ressentiront les hom-

mes de bonne volonté pour lesquels il s'écrie avec St. Augustin : *Non mihi soli œstuat, (desiderium meum) sed usui vult esse fraternœ charitati.* Confess. liv. 2. ch. 2.

Car tout homme sur la terre est bien comme un David , sinon inspiré , du moins exposé comme lui à toutes sortes de dangers. S'il n'a pas le talent de composer des prières pour chacun de ses besoins , il doit au moins se servir, à chaque circonstance, de celles qui lui sont offertes partout , et surtout des psaumes qui sont d'un genre à convenir à toutes ses situations.

Le livre des psaumes est le plus généralement connu , et cependant c'est celui qu'on entend le moins, puisqu'il passe pour n'avoir pas une seule bonne traduction en vers, comme est l'original hébreu.

Après l'Evangile , c'est celui dont on peut tirer le plus grand profit. C'est le vrai code du bonheur , autant qu'il peut y en avoir ici bas. C'est le vrai bouclier des guerriers qui combattent sous les drapeaux du héros qui en est l'unique objet.

On pourra donner successivement les trois psaumes qui complettent les Vêpres de toutes les Fêtes de la Ste.-Vierge, les sept Pénitentiaux, et autres, si le genre de ces premiers est de nature à en faire désirer.

Nota. On verra de suite le Psaume *Exurgat Deus*, qui seul forme presqu'autant de pages que les Vêpres et Complies ensemble, et qui passe pour être « la Croix des esprits, l'écueil des Commentateurs et la honte des Interprètes. C'est le plus difficile de tout le Psautier, celui qui a le plus exercé les Interprètes et les Commentateurs. Le style en est sublime.

David est l'auteur de ce beau Cantique, le plus chargé de figures, de métaphores hardies et de descriptions poétiques et admirables. »

Alors, la fidélité, la netteté, la clarté dans les idées, le grand intérêt qui résulte de tant d'explications lumineuse qui accompagnent chaque verset ; les transitions non interrompues qui y font appercevoir une chaîne et une suite admirable ; les secours de près de vingt Paraphrastes et Hébraïsans renommés, qui concourrent à autoriser le sens spirituel qui y est exclusivement adopté ; tout cela peut inspirer une certaine confiance et diminuer la honte qu'on prétend y être attachée.

PSAUME CIX.

OCCASION ET SUJET DE CE PSAUME.

Extrait du Psautier dans l'ordre historique.

Entre les enfants de David qui étoient en grand nombre, Salomon, l'un des plus jeunes, fut celui que Dieu avoit choisi pour lui succéder; mais Adonias, fils aîné de David, voyant que son père étoit vieux et infirme, et voulant régner après lui, fit un grand festin dans lequel il se fit proclamer Roi. Bedzabée, mère de Salomon et le prophète Nathan, en ayant averti David, ce prince donna ses ordres pour faire à l'heure même la cérémonie du sacre et du couronnement de Salomon. Ce qui ayant été exécuté sur le champ, tout le monde cria : vive le Roi Salomon.

Alors David le fit asseoir sur son trône, et adorant Dieu dans son lit : béni soit, dit-il, le Seigneur, le Dieu d'Israël, qui me fait voir aujourd'hui de mes propres yeux, mon fils assis sur mon trône. III. *des Rois.* 1. 5. 48.

C'est alors que David composa ce Psaume; mais il est certain que le Messie, dont Salomon étoit ici la figure, en est le seul et véritable objet. C'est lui que David voyoit en esprit assis à la droite de Dieu son Père, et dont il décrit la royauté, la divinité, le règne sur son église établie d'abord sur la montagne de Sion, le sacerdoce éternel, les victoires et la résurrection.

Le Père Vassoul dit que ce psaume est un acte de foi sur le mystère de l'incarnation du Verbe, et il ajoute : le Verbe de Dieu égal et co-éternel au Père, s'est fait le Sauveur des hommes par son Incarnation. Son abaissement l'a élevé au-dessus de toute créature ; l'Incarnation promise dès le commencement du monde, accomplie en Judée, manifestée à toutes les nations ; le fils engendré de la substance éternelle du Père, est le pontife éternel de son église ; il est le Sauveur et sera le Juge de tous les hommes.

Dixit Dominus Domino meo : sede à dextris meis, donec ponam inimicos tuos scabellum pedum tuorum.

DIEU dît en son divin langage :
Règnez à ma droite, mon fils ;
Les Juifs vous chargeront d'outrage,
Mais ils seront bientôt soumis ;
L'impie au comble de ses crimes,
Descendra vivant aux abîmes,
Pour y subir son châtiment ;
Et tous nos ennemis ensemble,
Que votre avènement rassemble,
Vont entendre leur jugement.

Virgam virtutis tuæ emittet Dominus ex Sion dominare in medio inimicorum tuorum.

Vous étendrez votre puissance
Sur les justes, sur les pervers ;
A votre voix Sion commence
Et va dompter tout l'univers.
La foi, doux fruit de vos paroles,
Confondant les Juifs, les idoles,
Va s'emparer de tous les cœurs ;
Et les martyrs par leurs miracles,
Faisant taire tous les oracles,
Convertiront les Empereurs.

Tecum principium in die virtutis tuæ, in splendoribus sanctorum; ex utero antè luciferum genui te.

Vous naquîtes de ma substance,
Avant l'aurore, avant les temps,
Nous possédons seuls la puissance
Qui domine tous les puissans.
Les preuves en sont infaillibles
Dans les neuf ordres impassibles
Des Anges jusqu'aux Séraphins,
Dans les Prophètes, les Apôtres ;
Les Gentils qui seront des vôtres ;
Dans la foi, la splendeur des Saints.

Juravit Dominus, et non pœnitebit eum ; tu es Sacerdos in æternum secundùm ordinem Melchisedech.

L'ÉTERNEL le jure et l'atteste
Sur l'immuable vérité :
Mon fils sera prêtre céleste
Pendant toute l'éternité :
Le Sacerdoce où je l'appelle,
Et que par lui je renouvelle,
N'est que selon Melchisédech ;
Sa mort, son sacrifice même
Seront, dans cet ordre suprême,
Dignes du plus profond respect.

Dominus à dextris tuis, confregit in die iræ suæ reges.

DIEU ! joins ta puissance à la sienne :
Que ce grand sacrificateur
Frappe toute langue payenne
Qui méprise son Rédempteur !
Qu'il brise ici bas les couronnes,
Et qu'il épargne les personnes.

Vengeur et bon tout-à-la-fois ,
Qu'il détruise dans sa colère
Les sceptres qui lui font la guerre
Et qu'improuve le Roi des Rois.

Judicabit in nationibus, implebit ruinas; conquassabit
capita in terra multorum.

Qu'il juge tous les hérétiques
Qui déshonorent l'univers ;
Pourvoie aux trônes angéliques
D'où tombent les esprits pervers ;
Qu'il confonde les infidèles ,
Les superbes et les rebelles
Parmi toutes les nations ,
Et que sa dernière sentence
Désole enfin sans indulgence
L'impie et ses possessions.

De torrente in viâ bibet ; proptereà exaltabit caput.

Hé ! s'il boit la coupe sanglante
De cette vie et de ses maux ;
Si l'on entend sa voix mourante
Crier pardon pour ses bourreaux ;
Alors cet équitable père
Doit, pour une tête aussi chère ,
Dévouer l'empire absolu ;
Et la venger par sa justice ,
Des outrages d'un tel supplice ,
Pour sa gloire et notre salut.

PSAUME CX.

Plan et analyse de ce Psaume,

On essaie , à quelques uns de ces psaumes , d'en faire appercevoir le dessein ; on essaie à montrer le plan que le Saint-Esprit y a tracé en l'inspirant au Roi prophète.

Quoique ce plan soit peut-être souvent plus sublime qu'on ne peut le saisir, on a cru néanmoins qu'une analyse pourroit en donner une idée.

Dans le *Confitebor* , par exemple , dont on donne une interprétation double à chaque verset, à deux chœurs , à cause de sa profondeur et de sa beauté , le Prophète annonce qu'il va chanter les merveilles du Seigneur dans l'assemblée des justes et dans la réunion des élus.

Il dit d'abord que les ouvrages de Dieu sont d'un choix aussi parfait qu'ils sont incompréhensibles ; que ces ouvrages visibles annoncent et prouvent eux-mêmes , à quiconque les contemple , beaucoup d'autres merveilles, des merveilles bien plus sublimes encore et qui nous sont invisibles ici bas : les ineffables merveilles de la béatitude éternelle.

Pour cela il donne une légère description de la magnificence de la terre et des cieux ; il semble vouloir en faire le parallèle avec la justice qui doit régner dans nos cœurs.

Il parle des perfections divines qui se manifestent dans toute la création ; dans les mystères de la rédemption et de la présence réelle sur nos Autels ; dans la loi gravée dans nos cœurs, annoncée dans les pages sacrées, et donnée en spectacle dans l'ordre qui règne aux Cieux.

A cette triple loi se joignent les promesses faites

aux patriarches et l'alliance que Dieu fit avec eux, sa puissance, sa fidélité dans l'éxécution, sa justice et les autres motifs qui l'y déterminent.

Il appelle toutes les nations à son héritage, à condition que la vérité et la justice seront le mobile de toutes leurs actions, comme elles sont les moyens de sa puissance. La vérité et la justice sont aussi les deux colonnes de la loi de nature, de la loi écrite et de la loi de grâce; ces lois n'en font qu'une en effet, parce que les modifications que Dieu leur a fait subir n'en ont ni changé ni dénaturé le fond. Les diverses alliances n'en font également qu'une.

Mais il n'y aura plus désormais ni renouvellement, ni modification. Cette loi de grâce restera telle qu'elle est jusqu'à la consommation des siècles.

Le fils de l'Eternel, Dieu lui-même, est venu comme homme donner l'exemple de la soumission et de l'obéissance la plus parfaite à cette même loi.

Il l'a scellée de son sang, confirmée par sa mort, sa résurrection, son ascension qui sont aussi de toute vérité et de toute équité.

Ce sont encore ces deux colonnes de la vérité et de la justice, éternelles comme Dieu, qui rendent le seul nom de ce Dieu fait homme, si flatteur aux bons et si terrible aux méchans.

Le nom de Sauveur et de Rédempteur qu'il s'est si vraiment et si justement acquis, inspire aussi une crainte respectueuse et salutaire aux premiers; cette crainte se transforme en eux en sagesse et en bonheur éternel, tandis que le mépris et l'orgueil dans les autres se change en folie et en perdition.

Car, cette sagesse qui est la conséquence nécessaire d'une crainte prudente, se tourne aussitôt en intelligence, mais une intelligence plus qu'humaine.

Avec cette intelligence, un homme se trouve tout transfiguré : ce n'est plus un Saül persécuteur, mais un Paul apôtre; ce n'est plus un Augustin académicien, mais un saint Père ; ce ne sont plus des Gentils idolâtres, mais des martyrs et des héros du Christianisme.

Il semble qu'il y a une liaison et un enchaînement admirable.

Notice dans l'ordre historique :

Quand l'arche d'alliance fut sur la montagne de Sion, le Roi David dansoit de toutes ses forces devant le Seigneur ; c'est alors qu'il fit chanter et chanta lui-même ce psaume pour témoigner à Dieu la joie qu'il avoit de voir l'arche entrée dans sa ville ; il y relève la grandeur de Dieu et la magnificence de ses œuvres.

Ce psaume convient principalement à J. C. Tout Chrétien qui le récite doit se rappeler avec joie les grandes choses que le Seigneur a faites en faveur de l'église.

A DEUX CHŒURS.

Confitebor tibi Domine in toto corde meo, in concilio justorum et congregatione.

PREMIER CHŒUR.

Seigneur, je chanterai tes grâces dans nos temples,
Je dirai tes bienfaits : je louerai tes grandeurs ;
Aux justes rassemblés j'offrirai des exemples
Des saints transports qui font le charme de nos cœurs.

DEUXIÈME CHŒUR.

Je t'offre de bon cœur le tribut de louanges
Que je te dois, mon Dieu, dans ton temple sacré !
C'est là que tes élus viennent s'unir aux anges :
J'y viens joindre l'amour dont je suis pénétré.

Magna opera Domini, exquisita in omnes voluntates ejus.

PREMIER CHŒUR.

Ses ouvrages par tout présentent des merveilles
Qui confondent l'esprit du plus intelligent ;
Ce Dieu pourroit toujours en faire de pareilles,
Même les surpasser, car il est tout-puissant.

DEUXIÈME CHŒUR.

Que ses œuvres pour nous sont incompréhensibles,
Et d'un choix excellent parmi ses volontés !
Qu'on juge à leur aspect des œuvres invisibles :
Ce qu'il en laisse voir cache d'autres beautés.

Confessio et magnificentia opus ejus, et justitia ejus manet in seculum seculi.

PREMIER CHŒUR.

L'ordre, le mouvement et la magnificence
Qui brillent dans les cieux attestent leur auteur ;
Pourrois-je donc encore vanter ma suffisance,
Quand Dieu même supplée aux besoins de mon cœur ?
Quand l'homme est ici bas droit, équitable et juste,
Dieu donne à ses vertus leur légitime prix,
Mais quiconque déroge à ce modèle auguste,
En subit tôt ou tard la peine et le mépris.

DEUXIÈME CHŒUR.

Quand de la main d'un Dieu je vois partout des traces :
De la terre et des cieux la somptuosité
Me force à contempler ses bienfaits et ses grâces,
Et de m'en croire indigne aux yeux de sa bonté !
M'oblige à rechercher et flatter sa justice,
Suprême qualité qui ne change jamais,
Mais qu'on peut adoucir sans aucun préjudice,
Car sa miséricorde est juste en ses bienfaits.

Memoriam

Memoriam fecit mirabilium suorum , misericors et mi-
serator Dominus , escam dedit timentibus se.

PREMIER CHŒUR.

Qui pourroit méconnoître , oublier ses merveilles,
Sa clémence envers nous et son affection ?
Tout en parle à nos cœurs, à nos yeux, nos oreilles;
On voit partout des traits de son attention.
Tous les objets créés ainsi nous le dépeignent :
La terre , les saisons et jusqu'au firmament ;
Et son corps et son sang à tous ceux qui le craignent,
Servent sur nos autels de céleste aliment.

DEUXIÈME CHŒUR.

Je réfléchis toujours à ce triple miracle
De sa loi souveraine imprimée en nos cœurs ;
L'ordre qui règne aux cieux nous la donne en spectacle;
L'Esprit-Saint la transmet dans les divins auteurs !
Qu'un Dieu si complaisant rappelle à ma mémoire
Le souvenir flatteur de ses nombreux bienfaits !
S'il a créé nos cœurs pour l'aimer et lui plaire ,
D'un pain céleste encore il comble nos souhaits !

Memor erit in seculum testamenti sui , virtutem ope-
rum suorum annuntiabit populo suo.

PREMIER CHŒUR.

Qu'il rappelle sans cesse à ma reconnoissance
Ce qu'il promit jadis parlant à nos aïeux :
Qu'il ne rompe jamais la divine alliance
Qu'il fit avec serment et pour nous et pour eux !
Mais suivons avec foi les lois de sa justice ,
Si nous voulons jouir des célestes faveurs ;
Autrement on l'oblige à punir l'artifice ,
Le mépris, le faux zèle et rejeter nos pleurs,

DEUXIÈME CHŒUR.

Dieu ne peut oublier ses antiques promesses ;
Il est toujours fidèle à ses engagemens.
C'est toi, c'est toi, mon cœur, qui le premier transgresses
Ses lois et ses conseils, tes vœux et tes sermens !
Il nous promet la vie en suivant sa justice ;
Pouvons-nous ignorer tous ses motifs puissans ?
Et de quelque manière envers nous qu'il agisse,
En sommes-nous toujours assez reconnoissans ?

Ut det illis hereditatem gentium, opera manuum ejus
veritas et judicium.

PREMIER CHŒUR.

Le Seigneur nous attend toujours comme un bon père ;
Il appelle à sa loi toutes les nations ;
Chacun lui doit son âme, elle est son héritière ;
Il ne désire rien que nos conversions.

DEUXIÈME CHŒUR.

Il doit son héritage à ses enfans fidèles
Qui par élection succèdent aux Gentils ;
Peut-il donner sa grâce et la paix aux rebelles
Qui malgré ses bontés ne sont pas convertis ?

PREMIER CHŒUR.

La vérité toujours est là qui le gouverne ;
La justice préside à tous ses jugemens ;
On pèse devant lui tout ce qui nous concerne ,
Ses divins attributs en sont les vrais garans.

DEUXIÈME CHŒUR.

Rien ne peut ébranler sa vérité constante ;
Par elle il accomplit tout ce qu'il a promis ;
Sa justice envers nous n'est pas moins permenante :
Il lui faut dans son cours punir ses ennemis.

*Fidelia omnia mandata ejus, confirmata in seculum
seculi, facta in veritate et æquitate.*

PREMIER CHŒUR.

La parfaite équité brille en ses ordonnances ;
Ses préceptes sacrés ne peuvent nous tromper :
Le fidèle en reçoit nombre de récompenses ;
L'infracteur, des fléaux près à l'envelopper.

DEUXIÈME CHŒUR.

Sa loi sainte est écrite en nous en traits de flammes ;
Elle croît dans nos cœurs avant nos facultés,
Et les livres sacrés font revivre nos âmes,
Quand par malheur nos pas s'en sont trop écartés.

PREMIER CHŒUR.

Son fils législateur, par ses divins oracles,
Parmi les nations l'est venu confirmer :
Sa Passion, sa mort, sa vie, et ses miracles,
N'ont fait que l'enseigner, prouver et consommer.

DEUXIÈME CHŒUR.

Elle étoit en Adam, elle est donc éternelle
Cette immuable loi qui ne change jamais ?
Sans elle je suis mort, je ne vis que par elle ;
Je suivrai donc toujours ses immortels arrêts.

*Redemptionem misit populo suo, mandavit in æternum
testamentum suum.*

PREMIER CHŒUR.

L'Eternel envoya pour notre délivrance,
Ce cher Fils en ce monde, où son cœur le conduit,
Pour faire avec son peuple une triple alliance,
Que tout Chrétien embrasse et doit suivre aujourd'hui.

Mais sachons respecter son arrêté suprême.
Qui veut que cette loi règne éternellement.
Son testament nouveau, sacré comme lui-même,
Ne peut être suivi d'autre commandement.

DEUXIÈME CHŒUR.

Comme ce fils unique obéit à son père,
En observant lui-même un ordre rigoureux ;
Aimons aussi cet ordre et cette loi prospère :
Suivons notre modèle et nous serons heureux.
Cette éternelle loi qu'aucune ne surpasse,
Remplace la première et celle d'Israël ;
Elle est leur complément ; c'est une loi de grâce,
Loi parfaite, infinie, et chef-d'œuvre éternel.

Sanctum et terribile nomen ejus, initium sapientiæ
timor Domini.

PREMIER CHŒUR.

Le nom d'un Dieu parfait, aux bons devient aimable
Et terrible aux méchans qui méprisent sa loi :
Que le nom de vengeur leur semble redoutable,
Et qu'il cause en leur cœur d'épouvante et d'effroi !
Mais dès qu'on sent en soi la salutaire crainte
De ce divin Sauveur qui nous a rachetés,
La sagesse à l'instant commence sans contrainte,
Et nous porte à l'aimer, à louer ses bontés.

DEUXIÈME CHŒUR.

A ce nom trois fois saint les bons se justifient :
Le titre de Sauveur leur donne tout espoir ;
Dans leurs impiétés les méchans s'en méfient,
Le trahissent au lieu de faire leur devoir.
Cependant cette crainte inspire la sagesse,
A celui qui consent de lui donner son cœur ;
S'il tremble quelquefois, ah ! la foi qu'il professe
Le conduit à l'amour qui devient son bonheur !

Intellectus bonus omnibus facientibus eum : laudatio ejus manet in seculum seculi.

PREMIER CHŒUR.

De la crainte soudain nous vient l'intelligence :
On sait ce que l'on doit faire ou bien éviter ;
Alors on s'y dévoue avec zèle et constance
Et l'on n'hésite plus par lequel débuter.
On saisit le bonheur de donner des louanges
A Jésus que la foi contemple à tout moment ;
On réunit son cœur aux doux concerts des Anges,
Pour le Dieu qu'on s'attend voir éternellement.

DEUXIÈME CHŒUR.

Quand avec zèle on fait ce que la crainte inspire,
Et que la charité survient en sa faveur,
On se livre avec joie à ce qu'un Dieu désire,
Pour s'enrichir des dons d'une sainte ferveur.
Quand rien ne coûte plus, on avance on s'empresse
Au service éclatant de ce Dieu de bonté ;
On forme le désir de le louer sans cesse,
De le voir et bénir pendant l'éternité.

PSAUME CXI.

Notice.

Le psautier dans l'ordre historique rapporte, à l'occasion de ce Psaume, d'après le 2e. livre des Rois, chapitre XIX ℣. 16 et 40, ce qui suit :

Le Roi David revenant à Jérusalem après la défaite d'Absalon son fils, révolté contre lui, pardonna à Séméi de Bahurim de l'avoir maudit quand il fuyoit devant son fils ; il prit à son service le fils de Berzellaï par reconnoissance de ce qu'il lui avoit procuré toutes sortes de secours dans son besoin. Ce fut à cette occasion que David composa ce Psaume pour faire l'éloge de l'homme juste et bienfaisant ;

Mais il avoit surtout en vue J. C. le juste et le bienfaiteur par excellence, et c'est aussi en proportion l'éloge d'un chrétien qui fait son devoir principal de l'amour de Dieu et du prochain.

Le P. Berthier dit que l'objet de ce Psaume est de montrer en quoi consiste le vrai bonheur de l'homme.

Le P. Vassoul, dans son Psautier en forme de prières, dit que ce Psaume est l'éloge du juste ; le vrai caractère du bonheur de l'homme ; Dieu comble le juste de tous ses biens temporels et spirituels. Le juste est un modèle perpétuel pour tous les hommes ; la lumière le suit partout. Il est sage dans ses discours, attaché à ses devoirs ; ses bonnes œuvres éternisent sa mémoire ; sa confiance est inébranlable ; sa main toujours ouverte aux pauvres ; sa vertu couronnée dans l'éternité. Le bonheur des justes fait le désespoir de l'impie qui périt avec tous ses désirs.

Monchablon dit que ce Psaume est l'éloge de la crainte de Dieu et de l'excellence des œuvres de miséricorde. Un autre : que tous ceux qui craignent Dieu seront heureux, que les impies seront misérables et qu'ils périront.

Beatus vir qui timet Dominum, in mandatis ejus volet nimis.

Heureux est le chrétien fidèle
Qui craint et chérit le Seigneur,
Et qui toujours plein d'un saint zèle,
Le sert et prie avec ardeur !
Pour lui, s'il le faut, il s'immole ;
Son cœur fait plus que sa parole
Dans ses divins empressemens ;
Et sa piété filiale
Fruit d'une crainte cordiale,
Accomplit ses commandemens.

Potens in terra erit semen ejus, generatio rectorum benedicetur.

Qu'il soit puissant pendant sa vie,
Ou vexé par l'impiété ;
Que sa famille fasse envie,
Ou pitié dans l'adversité,
Ses œuvres de miséricorde
Et les dons que le ciel accorde
Pour le royaume des vivans,
Sont des richesses immortelles
Qui surpassent les temporelles
Et vont enrichir ses enfans.

Gloria et divitiæ in domo ejus, et justitia ejus manet in seculum seculi.

Le calme de sa conscience
Doux témoignage de son cœur,
Le fait nager dans l'abondance
Même sur un lit de douleur.
Il agit toujours sans malice ;
Il sait que Dieu par sa justice

Lui garde un salaire éternel ;
Que la fortune de ce monde
En qui tout autre homme se fonde,
N'est qu'un piège, un poison mortel.

Exortum est in tenebris lumen rectis, misericors et
miserator et justus.

Le siècle produit des ténèbres
Où les bons sont enveloppés,
Mais de tous ces desseins funèbres
Dieu les a bientôt détrompés :
Il jette un torrent de lumière,
Et dissipe cette poussière
Qui suffoque ses serviteurs ;
Il compatit à leurs foiblesses :
Il fait éclater ses promesses,
Et punit leurs persécuteurs.

Jucundus homo qui miseretur et commodat ; disponet
sermones suos in judicio ; quia in æternum non
commovebitur.

Mais où trouver la conscience
Toujours agréable à son Dieu ?
—Dans le soutien de l'indigence ;
Dans l'appui du pauvre en tout lieu ;
Dans l'homme qui par sa largesse
Cherche à soulager la détresse
Que la honte cache à ses yeux ;
Qui prête toujours sans usure,
Oblige chacun sans murmure
Et fait tout pour gâgner les cieux.

Où gîte encor ce témoignage
Si précieux et si flatteur ?

Dans

—Dans ceux qui gâgnent le suffrage
Dont Dieu seul est dispensateur ;
Qui méditent sur leur présence
Quand ils entendront la sentence
De l'un ou l'autre jugement.
—La conscience est donc un livre
Qui fait damner ou qui fait vivre
Les hommes éternellement ?

In memoria æternâ erit justus, ab auditione mala non timebit.

Il rend sa mémoire immortelle
L'homme obligeant, juste et pieux ;
Sa destinée est la plus belle
Et sur la terre et dans les cieux.
Il craint bien moins la calomnie
Que l'examen de l'autre vie,
Qui nous envoie aux feux vengeurs.
Sa vie en lettres d'or écrite
N'offre que sagesse et mérite
Dignes des célestes honneurs.

Paratum cor ejus sperare in Domino, confirmatum est cor ejus, non commovebitur donec despiciat inimicos suos.

Au moindre accident qui l'afflige,
Son cœur vole aux pieds du Seigneur,
Et quand même rien ne l'oblige,
Il invoque encor sa grandeur :
Son âme est une solitude
D'où sa ferveur, par habitude,
S'élance avec ardeur au ciel ;
Rien ne l'émeut, rien ne le touche,
Et ses ennemis, de sa bouche
N'auront qu'un mépris éternel.

Dispersit, dedit pauperibus ; justitia ejus manet in seculum seculi ; cornu ejus exaltabitur in gloria.

Prodigue pour le Dieu qu'il aime,
Avare envers les intrigans,
Au lieu d'amasser pour lui-même,
Il donne, il donne aux indigens ;
Mais Dieu lui prépare d'avance
Une éternelle récompense
Proportionnée aux bienfaits ;
Ses bonnes œuvres sont le gage
De cet immortel héritage
Qui fera sa gloire à jamais.

Peccator videbit et irascetur , dentibus suis fremet et tabescet.

Les pécheurs remplis de tristesse
Le verront avec désespoir,
Et dans une cruelle angoisse
D'avoir omis un tel devoir :
Leurs dents déjà grincent de rage
Dans l'affreux, l'infernal partage
Où les met leur endurcissement ;
Chacun d'eux sèche et se consume
Dans une sulphureuse écume,
De s'y voir éternellement.

Desiderium peccatorum peribit.

Cette cruelle perspective
Du fond d'une éternelle nuit,
Rend leur souffrance plus active,
Et l'accroit du bonheur d'autrui :
L'accroit des fureurs de l'envie,
D'une poignante jalousie

Qu'on ne peut plus ici dompter;
Tous leurs désirs, comme des ombres
Ont disparu dans ces lieux sombres
Qu'ils pouvoient jadis éviter.

CONCLUSION.

Le Saint-Esprit nous avertit dans ce Psaume, qui, par sa briéveté, est de la plus grande importance, et dès le premier verset, qu'il ne s'agit que de craindre le Seigneur, d'obéir à ses préceptes et d'observer ses commandemens pour être heureux en cette vie et en l'autre. Que tous les hommes de bon sens, qui, comme tous les autres, aspirent tant à un bonheur quelconque, fassent donc de sérieuses réflexions sur ce Psaume ! qu'ils examinent que si cette ode hébraïque n'étoit le fruit que de l'imagination humaine, on n'y verroit pas un plan si bien suivi, et un ordre aussi admirable.

Ceux qui y conformeront leur conduite, sont donc sûrs qu'eux-mêmes, leur famille et leurs descendans seront d'autant plus dans la prospérité dès cette vie, qu'ils agiront avec droiture, et dans ces principes en toutes choses ; que la gloire, les richesses et les bénédictions du ciel surtout, abonderont dans leurs maisons, selon que leurs consciences seront en bon état, et que tout le monde leur rendra justice; car un seul homme ne peut tromper tout le monde, ni tout le monde tromper un homme. Mais pour encourager encore à entrer et à se maintenir dans cette carrière de la justice, qui seule peut nous rendre heureux, et nous donner des forces pour y persévérer, Dieu promet d'éclairer nos ténèbres, de dissiper nos doutes, et d'être juste, miséricordieux et compatissant envers ceux qui ont le cœur droit, en proportion qu'ils le seront eux-mêmes envers les autres. Il assure que tous ceux qui ont pitié de leurs semblables, qui prêtent avec discernement et sans usure, seront agréables aux yeux de sa providence et estimés de tout le monde, pourvu qu'ils ne fassent rien par politique, mais tout en vue de Dieu. Il assure que tous ceux qui soulagent l'indigence avec ces dispositions, mettront tellement ordre à leur conscience, qu'ils n'auront rien à craindre du jugement dernier, ni des approches de la mort ; que la médisance ou la calomnie ne leur fera aucune impression, n'aura sur eux aucune atteinte, et que leur mémoire sera éternellement en bonne odeur.

Cet esprit prophétique assure encore que le cœur de l'homme dont on vient d'esquisser le tableau, sera continuellement disposé à mettre toute son espérance en Dieu seul ; le Seigneur sera son soutien et son point d'appui en toutes circonstances, dans la prospérité qui ne l'aveuglera point, comme dans l'adversité qui ne l'ébranlera jamais ; et s'il méprise ses ennemis, ce ne sera que ceux chez lesquels il ne verra plus aucune ressource.

Il fera ses aumônes avec discernement et profusion, parce qu'il est persuadé que rien ne s'en perd, et qu'elles sont dans le sein de Dieu comme un trésor qui s'y amasse et qu'il nous garde pour l'éternité ; que cet habile économe nous en récompense dès cette vie, et nous en conserve la meilleur part pour l'autre.

Ce qui prouve tout cela, c'est que les pécheurs qui méprisent ces préceptes, s'irritent contre les justes dès cette vie, de leur voir une conduite qui fait un si grand contraste avec la leur, qui critique leur règne et condamne leur dureté.

Multæ tribulationes justorum. Les persécutions que les méchans suscitent contre les bons, sont donc la preuve de l'innocence de ceux qui sont vexés, et que leur vie est irréprochable ? mais c'est surtout en l'autre vie où les justes verront ces malheureux grincer les dents de rage d'avoir tout perdu par leur faute. Oui, les réprouvés verront aussi de loin les élus dans la gloire, et cette vue sera leur plus grand supplice.

Peut-on donner une leçon plus persuasive, et des exemples plus frappans pour engager à suivre ces divins préceptes ? peut-on concevoir une suite mieux maintenue, et un plan plus régulier ?

Peut-on voir plus d'abondance et de richesse dans un si petit champ ? si quelques indifférens pouvoient encore douter de toutes ces choses, qu'ils en fassent l'épreuve et qu'ils jugent dans leur discernement quelle est la chance la plus assurée.

PSAUME CXII.

Ce Psaume est le cent douzième dans la Bible et le premier de tous dans l'ordre historique.

Dieu ayant rejeté Saül à cause de sa désobéissance, envoya le prophète Samuel chez Isaïe pour sacrer son jeune fils, de préférence aux autres, Roi d'Israël.

David se voyant élevé de pasteur de troupeaux, à la dignité royale, se livra aux sentimens de la plus vive reconnoissance envers Samuel, et surtout envers Dieu, et composa ce psaume à l'âge de seize ans.

Les Chrétiens qui le récitent doivent se rappeler que l'onction de David ayant été une figure de l'onction toute divine, par laquelle l'humanité de Jésus-

Christ a été jointe à la divinité, en sorte que Dieu et l'homme sont en lui une même personne, c'est lui qui parle surtout dans ce psaume, et qui nous invite à louer Dieu au sujet du haut point de gloire auquel la nature humaine a été élevée en lui, non-seulement par son incarnation, mais encore par sa résurrection et son ascension.

Et comme ce divin chef ne peut oublier son église qui est son corps mystique, il nous propose aussi de louer Dieu, en vue de la merveilleuse fécondité qui lui a été accordée après une longue et triste stérilité, dont celle de la mère de Samuel n'étoit que la figure.

Ils doivent se rappeler aussi en particulier l'honneur que Dieu leur a fait de les rendre participans de l'onction de J. C. en les adoptant pour ses enfans et les enfans de l'église dont ils font la joie, en vivant d'une manière digne de leur vocation. Vassoul ajoute : Dieu veut être loué par des lèvres pures. La créature doit ses adorations à celui dont elle tient l'être. Dieu élevé au-dessus de tout, veille sur tout ce qui se passe dans la nature ; il peut tout. Il tire les humbles d'un état abject pour les placer sur un trône quand il lui plaît.

Laudate pueri Dominum, laudate nomen Domini.

Célébrez Dieu dans vos cantiques,
Simples enfans, humbles de cœur,
Et par vos louanges publiques,
Chantez, exaltez sa grandeur !
Dans la pompe des saints mystères
Glorifiez son nom puissant,
Et par vos fréquentes prières
Invoquez ce Dieu bienfaisant !

*Sit nomen Domini benedictum, ex hoc nunc et usque
in seculum.*

Que dans vos cœurs, son sanctuaire,
Le nom du Seigneur soit béni,
Et que d'une ardeur exemplaire
Par tout le monde il soit servi !
Que devant ses autels sans cesse
On préconise ses bienfaits,
Et par mille chants d'allégresse
On l'adore et fête à jamais !

*A solis ortu usque ad occasum, laudabile nomen
Domini.*

Que son nom loué dès l'aurore
Parmi toutes les nations,
Soit invoqué le soir encore
Et craint dans toutes régions !
Rendons à ce Dieu des armées
Nos hommages respectueux,
Qu'il suscite en nos assemblées
Les élans des cœurs vertueux !

*Excelsus super omnes gentes Dominus, et super cœlos
gloria ejus.*

Du Seigneur la gloire suprême
Domine tous les Potentats,
Le mépris de son diadême
Peut faire crouler les états ;
Quoique l'esprit saint prophétise
Dieu voile sa sublimité.
Quelle sera notre surprise
De le voir dans l'éternité !

Quis sicut Dominus Deus noster qui in altis habitat,
et humilia respicit in cœlo et in terra ?

Quel Dieu peut être comparable
Au Dieu qui règne au haut des cieux,
Et dont la tendresse admirable
S'abaisse et nous cherche en ces lieux ?
Rien ne limite sa puissance ;
Du juste il est le protecteur ;
Je sens partout sa bienfaisance,
Et partout je vois sa grandeur.

Suscitans à terrâ inopem, et de stercore erigens pau-
perem.

Ah ! que les mortels qui gémissent
Sous le poids d'inconstans désirs,
Ceux qui honteusement croupissent
Dans la fange des faux plaisirs,
Réclament sa grâce puissante
Et sortent de leur dénuement !
Leur âme enfin obéissante
Peut s'en relever hardiment.

Ut collocet eum cum principibus, cum principibus
populi sui.

Bientôt l'influence efficace
De ce Dieu, les comble d'honneur ;
Et leur fait trouver une place
Parmi les princes du Seigneur :
Dès que leur espoir ne se fonde
Que sur Dieu même et non sur soi,
Ils deviennent vainqueurs du monde
Et les apôtres de sa loi.

Qui

Qui habitare facit sterilem in domo matrem filiorum lœtantem.

> N'est-ce pas cette grâce encore
> Qui convertit les nations,
> Quand l'Evangile en son aurore
> Déjoua partout les démons?
> La gentilité gémissante
> Et stérile, à ses yeux puissans,
> Devint féconde et fut contente
> De ses nombreux et saints enfans.

REMARQUE.

Dans ce Psaume, comme dans tous les autres, on croit appercevoir un plan suivi, un plan admirable : d'abord le prophète engage les Chrétiens par toutes les expressions possibles à célébrer les louanges de Dieu, à lui rendre grâces, glorifier son nom, préconiser ses bienfaits, l'adorer et le fêter éternellement.

Il semble parcourir toutes les parties du globe pour engager ses habitans à donner les éloges les plus magnifiques au Dieu des armées ; il s'adresse aussi à Dieu pour le prier de susciter lui-même les élans des cœurs vertueux. Il donne un apperçu de sa suprême puissance et de sa sublimité qui maintenant est voilée, mais qui causera une très-grande surprise à tous ceux qui auront le bonheur de la voir en réalité dans l'autre vie.

On ne peut rien comparer à ce Dieu ni à ses perfections infinies ; à ce Dieu qui s'élève au-dessus des cieux, et qui s'abaisse jusqu'à nous au point que nous appercevons partout des traits de sa bienfaisance et de sa grandeur.

En conséquence, il fait appel à tous ceux qui sont dans la peine et qui gémissent dans quelques humiliations, et leur prescrit les moyens d'en sortir et les conditions pour s'en relever hardiment. Alors, il leur donne l'assurance qu'ils passeront de l'état le plus abject aux charges les plus honorables dès cette vie, pour leur prouver la réalité du bonheur éternel. Et pour dernière preuve, il leur cite l'exemple et rapporte la conversion des nations païennes, par la comparaison d'une femme stérile, qui tout-à-coup devient d'une fécondité étonnante et ressent une grande joie de ses nombreux enfans. Cette mère est l'Eglise ; une multitude de martyrs et de saints sont ses enfans qui lui donnent une si grande joie.

PSAUME CXIII.

Ce Psaume fut composé par David pour être chanté à la cérémonie du transport de l'Arche. Le Prophète relève les merveilles opérées à la sortie d'Egypte et à l'entrée de la Terre-Sainte.

Il en rapporte à Dieu toute la gloire, et oppose sa toute puissance à la vanité des idoles ; il exhorte Israël à mettre en lui son espérance en vue de tous les bienfaits qu'il en avoit reçus ; il prie Dieu d'ajouter de nouvelles bénédictions aux anciennes, afin qu'on le loue dans le temps et dans l'éternité.

Tout ceci regarde principalement la délivrance spirituelle des chrétiens, les merveilles opérées dans le monde par l'établissement de l'Eglise, et fait voir combien Dieu protège ceux qui lui sont fidèles.

Narrantur beneficia et miracula Hœbrœis in figurâ, et christianis in Spiritu à Deo exhibita. (St.-Jérôme.)

*In exitu Israel de Egypto, domus Jacob de populo
barbaro.*

Egypte fameuse et cruelle,
Dans quelle consternation
Va te mettre un peuple fidèle,
Qui s'enfuit devant Pharaon ?
Elle n'étoit pas assez rude,
Cette barbare servitude,
Qu'Israël enduroit chez toi !
Court après Jacob dans sa fuite,
Et soutient la rage subite
D'un impie et féroce roi !

*Facta est Judea sanctificatio ejus, Israel potestas
ejus.*

Reçois, vénérable Judée,
Ce peuple sacré dans ton sein;
Viens, Israël, dans l'Idumée,
Te sanctifier en Eden.
Que l'Eternel te favorise;
Entre dans la terre promise
Aux Patriarches tes aïeux;
Viens y déployer ta puissance,
Et par une antique espérance,
Immortaliser les Hébreux.

Mare vidit et fugit, Jordanis conversus est retrorsum

Hélas ! que vois-je ? quel prodige !
La mer fuit et gonfle ses eaux !
Quelle est la cause qui l'oblige
A diviser ainsi ses flots ?

Quoi ! tu suspends aussi ta course,
Jourdain fameux, et vers ta source
Tu retournes avec effroi !
Qu'entends-je? et quel est ce tonnerre
Qui bouleverse ainsi la terre
Et change l'éternelle loi ! ! !

Montes exultaverunt sicut arietes, et colles sicut
agni ovium.

Hé quoi ! les montagnes bondissent
Comme des béliers au printemps !
Leurs sommets altiers s'applanissent,
Et sont presqu'au niveau des champs !
La mer entr'ouvrant ses entrailles,
De ses flots forme deux murailles,
Devant un peuple malheureux !
Les collines partout s'affaissent,
Et partout les eaux disparoissent
Devant la marche des Hébreux !

Quid est tibi, mare, quod fugisti, et tu Jordanis quia
conversus es retrorsum?

O mer rouge, qui donc t'agite
Et te contient des deux côtés ?
Tu fuis devant l'Israélite !
Ses pas ne sont plus arrêtés !
Il traverse à sec tes abîmes,
Sans accident et sans victimes,
De l'un jusques à l'autre bord !
Jourdain, quelle cause étrangère
Te fait retourner en arrière,
Et t'arrête aussi sans efforts ?

Montes exultastis sicut arietes et colles sicut agni ovium ?

Quelles forces mystérieuses
Font paroître vos rocs puissans,
Montagnes fières, sourcilleuses,
Comme des béliers bondissans ?
Sont-ce des volcans ou des mines
Qui vous ont fait, humbles collines,
Sautiller comme des agneaux ?
Pourquoi donc toutes ses merveilles ?
On n'en vit jamais de pareilles
Dans ces vallons, sur ces côteaux !

A facie Domini mota est terra, à facie Dei Jacob ; qui convertit petram in stagna aquarum et rupem in fontes aquarum.

C'est le Seigneur par sa puissance
Qui maîtrise les élémens :
La terre émue en sa présence
Tremble jusqu'en ses fondemens.
Dieu fond les rochers en fontaines
Qui courent arroser les plaines,
Humecter, féconder les champs ;
Jacob aussi par ses prières,
Aux déserts a vu des rivières
Former des lacs et des étangs.

Non nobis, Domine, non nobis ; sed nomini tuo da gloriam, super misericordiâ tuâ et veritate tuâ ; ne quando dicant gentes : ubi est Deus eorum ?

De ces phénomènes terribles,
Qui peut s'attribuer l'honneur ?
A nous tous ils sont impossibles,
Ce n'est l'œuvre que du Seigneur !

C'est à lui que nous devons croire
Qu'en appartient toute la gloire ,
Et la proclamer en tout lieu ;
Confond tous ceux qui la méprisent,
Afin que jamais ils ne disent :
Où donc est leur prétendu Dieu ?

Deus autem noster in cœlo, omnia quæcumque voluit,
fecit.

Au sein d'une gloire immortelle
Notre Dieu règne au haut des cieux ;
Sa bonté toujours paternelle
Nous suit, nous protège en ces lieux :
Partout sa divine puissance
Conforme à sa sainte alliance
Peut exécuter ce qu'il veut.
Mais l'homme ici bas réfractaire
Et rebelle envers ce bon père ,
Ne fait pas tout le bien qu'il peut.

Simulacra gentium argentum et aurum, opera manuum
hominum.

Faux Dieux des nations païennes,
Simulacres d'or et d'argent ,
Où sont vos merveilles anciennes ?
Votre principe intelligent ?
Parlez, idoles insensibles ;
Donnez quelques signes visibles,
Matière inerte et sans vigueur ;
Jadis inventés par les hommes ,
Pouvez-vous, au siècle où nous sommes,
Jouir de la moindre faveur ?

Os habent, et non loquentur; oculos habent et non videbunt.

Aures habent, et non audient : nares habent et non odorabunt.

Manus habent et non palpabunt : pedes habent et non ambulabunt ; non clamabunt in gutture suo.

On questionne à tort ses idoles ;
On les invoque et prie envain :
Leurs bouches manquent de paroles,
Et leurs yeux n'apperçoivent rien.
Qu'on leur demande des merveilles ,
Nul son ne frappe leurs oreilles ;
Ces Dieux ne flairent point l'encens ;
Leurs pieds sont toujours immobiles ;
Leurs mains factices, inutiles ,
Et ne jouissent d'aucuns sens.

Similes illis fiant qui faciunt ea ; et omnes qui confi-dunt in eis.

Auteurs de ces vaines images
D'aussi vaines divinités ,
Vous qui leurs offrez vos hommages
Dans vos soins, vos perplexités ,
Puissiez-vous devenir semblables
A des Dieux aussi misérables :
Des Dieux aveugles , des Dieux sourds !
Et demeurer aussi stupides
Que ces Lares sont insipides ,
Jusques au dernier de vos jours !

Domus Israel speravit in Domino ; adjutor eorum et protector eorum est. (Ecclesia fidelium).

Maison d'Israël , maison sainte,
Espère toujours au Seigneur ;
Loin de toi la stérile crainte :
Il est ton puissant protecteur !

Mets en lui seul ta confiance ;
Invoque-le sans défiance ,
Et sois forte de son secours ;
Si tes ennemis te disputent ,
Te menacent, te persécutent ,
Ne mets qu'en Dieu seul ton recours.

Domus Aaron speravit in Domino , adjutor eorum , et protector eorum est. (Ordo sacerdotum).

Maison d'Aaron , saint ministère ,
Repose-toi sur l'Eternel ;
Quoique le siècle soit austère ,
Porte l'offrande à son autel :
Une sainte persévérance
Couronne toujours l'espérance
Qu'un lévite met en son Dieu ;
Dans la crainte et dans les allarmes ,
Il a toujours recours aux armes
Que forge le céleste feu.

Qui timent Dominum , speraverunt in Domino : adjutor eorum et protector eorum est.
Dominus memor fuit nostri , et benedixit nobis.

Au Seigneur toujours on espère
Quand on le sert avec ferveur ;
Dès que l'on craint de lui déplaire
Sans peine on lui donne son cœur.
Quand sa promesse est notre attente,
Le secours de sa main puissante
Devient notre meilleur appui :
Il nous comble de ses largesses,
Nous soutient contre nos foiblesses
Et nous ne vivons que pour lui.

Benedixit

Benedixit domui Israel : benedixit domui Aaron.

Benedixit omnibus qui timent Dominum , pusillis cum majoribus.

Bénédictions éternelles ,
D'un Dieu si bon, si généreux ,
Sur les élus, les cœurs fidèles ,
Descendez du plus haut des cieux !
Qu'Aaron et tout le sacerdoce
En éprouvent toute la force ,
Les vertus et la sainteté !
Que la richesse et l'indigence
Trouvent en Dieu la récompense
D'avoir imploré sa bonté !

Adjiciat Dominus super vos ; super vos et super filios vestros.

Benedicti vos à Domino, qui fecit cœlum et terram.

Seigneur , à vos faveurs premières
Joignez encor d'autres présens :
Si vous protégeâtes nos pères ,
Aimez aussi nos descendans !
Pour gagner de nouvelles grâces ,
Enfans , marchons tous sur les traces
De nos respectables aïeux !
Ce Dieu dont nous aurons mémoire ,
Dont nous célébrerons la gloire ,
Peut seul partout nous rendre heureux.

Cœlum cœli Domino, terram autem dedit filiis hominum.

O gloire sans cesse admirée
Du Dieu très-haut, du Tout-puissant ,
Réside aux cieux, sur l'Empirée ,
Bien au-dessus du firmament !
Et toi, terre , profond abîme ,
Où l'homme de l'homme est victime ,

Triste épreuve de quelques jours !
Tes habitans toujours désirent
Et presque jamais ils n'aspirent
Au bonheur qui dure toujours !

Non mortui laudabunt te, Domine : neque omnes qui
descendunt in infernum.

Les pécheurs et les mauvais anges
Qui sont comme morts à tes yeux,
Peuvent-ils donner des louanges
Dignes du Dieu qui règne aux cieux ?
Les autres morts, aux lieux funèbres,
Dans les éternelles ténèbres,
Peuvent-ils, Seigneur, te louer ?
Quand au crime l'homme succombe
Ou qu'il est plongé dans la tombe,
Peut-il à toi se dévouer ?

Sed nos qui vivimus, benedicimus Domino, ex hoc
nunc et usque in seculum

Mais nous, dans le séjour des larmes,
Fortifiés par sa faveur,
Nous pouvons aux moindres allarmes,
Prier et bénir le Seigneur.
Dans cet exil et ses épreuves,
Sensible aux orphelins, aux veuves,
Dieu tient compte de leurs soupirs ;
Et quand sa gloire nous rassemble,
Nous l'adorons toujours ensemble,
Et le ciel comble nos desirs.

Plan et Analyse de ce Psaume.

Le Prophète semble, dès le début de cette hymne
triomphale, comme un nouveau Moïse, frapper
l'Egypte de malédiction à cause de sa dureté.

Il apostrophe au contraire la Judée, comme une

terre de sanctification, la terre promise pour réaliser l'espérance de la venue du Messie.

Que va-t-il résulter de ce contraste frappant ? Des prodiges inouis : la mer s'ouvre; le Jourdain remonte vers sa source, et toute la terre lui semble bouleversée. Il manifeste une extrême surprise, et décrit quelques circonstances de ces évènemens extraordinaires : les montagnes s'abaissent; les eaux forment des montagnes; les collines même et les eaux se retirent; tout contribue à livrer passage aux Hébreux. Il interroge la nature; il demande à la Mer et au Jourdain quelle est cette puissance invisible qui les force à tous ces mouvemens en faveur des Israélites. Il questionne les montagnes et les collines pour savoir quels bras mystérieux les ont fait bondir comme des béliers et des agneaux, et qui est-ce qui peut opérer tant de prodiges à ses yeux. La mer, le Jourdain et les montagnes semblent lui répondre que c'est le créateur de toutes choses qui les a ébranlés, qui fond les rochers en fontaines et opère toutes les merveilles possibles, parce qu'il est tout-puissant.

Le Prophète alors se tournant vers ceux qui l'accompagnent : est-ce à nous, foibles mortels de nous attribuer l'honneur de ces phénomènes ? Seigneur, c'est à vous qu'en appartient toute la gloire! confondez ceux qui vous contestent vos droits, afin qu'ils ne puissent plus blasphêmer, disant : où donc est leur Dieu ? Notre Dieu règne au haut des cieux dans sa gloire, et nous protège ici bas par sa puissance!

Puis, apostrophant le Polythéisme : Idoles insensibles d'or et d'argent, avez-vous quelquefois opéré de pareilles merveilles, et donné même la moindre marque d'intelligence ? Fabricateurs de ces faux Dieux, puissiez-vous leur devenir semblables ou recueillir pour votre salaire la honte et la confusion que vous en méritez !

Se retournant alors vers la maison d'Israël, figure de l'église de Jésus-Christ, il l'assure de la protection du Seigneur, et l'engage, quelque chose qui lui arrive, à ne mettre sa confiance qu'en lui seul.

Il garantit à la maison d'Aaron, figure du nouveau sacerdoce, une éternelle protection, et l'engage à cet effet à tout évènement, de n'avoir recours qu'à son autel ; qu'il sera leur meilleur appui, et qu'il les comblera toujours de toutes sortes de bénédictions.

Il conjure aussi ces mêmes bénédictions éternelles de descendre également sur les fidèles chrétiens, sur le sacerdoce, et sur le trône comme sur la chaumière.

Après avoir ainsi approché de Dieu par ses perfections infinies, il le prie de nous protéger nous et nos descendans, comme il protégea nos aïeux, et de nous combler de nouvelles grâces. Invocation à sa gloire immortelle pour qu'elle ne se manifeste qu'aux cieux, parce que les hommes ici bas ne pourroient en soutenir l'éclat. Il apostrophe la terre comme l'extrême de cette gloire et le séjour de toutes les épreuves. Il expose à Dieu nos misères ; que les morts ne peuvent plus le louer dignement ni mériter ses faveurs ; qu'on ne peut que le blasphêmer aux enfers ; mais que tant que nous existons dans cette vallée de larmes, nous pouvons toujours nous adresser à lui, et quelques coupables que nous ayons été, nous jeter dans les bras de sa miséricorde, avec l'assurance d'être d'autant mieux reçus que nous y apporterons de bonnes dispositions, et que c'est le seul moyen de parvenir à la béatitude éternelle.

MAGNIFICAT.

Cet excellent Cantique de l'Eglise , renferme , sous le voile d'expressions simples en apparence, et des plus relevées au fond , tant de sublimité que Pérez de Valence qui a commenté tous les Psaumes et les Cantiques de l'église dès l'an 1506, n'a pas craint d'être trop prolixe d'employer près de 40 pages in-folio à son explication.

Ce qu'il y a de certain , c'est que tout ce qui est d'inspiration divine , est d'une étendue immense ; est une mine inépuisable de richesses et d'une profondeur presqu'impénétrable. Ce seroit une tâche trop pénible d'analyser seulement le travail de Pérez de Valence sur ce sujet. Tout ce qu'on peut dire, c'est que si David a été intarissable dans ses divines inspirations, que pourroit-on dire de la sainte Vierge qui étoit l'accomplissement et l'abrégé de tout ce qu'il a prédit ?

Magnificat anima mea Dominum.

Du Seigneur je reçois tant de magnificence
Que je ne puis assez lui dévouer mon cœur !
Pour l'en glorifier , que ma reconnoissance ,
Dans mon ravissement, égale sa grandeur !

Et exultavit spiritus meus, in Deo salutari meo.

Ses bienfaits envers moi sont si grands que mon âme
Ne s'en possède pas : j'ignorois son dessein ;
Comme quelques élus que sa promesse enflamme,
J'attendois le Messie ; il l'envoie en mon sein !

Quia respexit humilitatem ancillæ suæ.

Il surpasse en ce jour mes vœux et mon attente,
Et fixe un doux regard sur mon abaissement :
Du monde il fuit l'éclat ; de son humble servante
Il daigne même aux cieux préférer le néant !

Ecce enim ex hoc beatam me dicent omnes gene-
rationes..

Tous les peuples d'accord avec la cour céleste,
Envieront mon bonheur et chanteront toujours :
« Un Dieu choisit pour mère une vierge modeste
Qui voulût donner l'être à l'auteur de ses jours. »

Quia fecit mihi magna qui potens est, et sanctum
nomen ejus.

Le Seigneur a pour moi surpassé sa puissance,
Et prouvé la splendeur de son nom glorieux :
Il veut bien m'accorder plus de magnificence.
Que ne pourroient ensemble en offrir tous les cieux.

Et misericordia ejus à progenie in progenies timen-
tibus eum.

Sa divine bonté, son amour et ses grâces,
Jusqu'à la fin des temps enchanteront les cœurs :
Il le promet à ceux qui craignent ses menaces
Et ne le peut tenir qu'à ses vrais serviteurs.

Fecit potentiam in brachio suo, dispersit superbos (1)
mente cordis sui.

Mais le pouvoir certain de son bras redoutable
S'appesantit sur l'ange et sur l'homme orgueilleux :
Pour tromper ou punir leur cœur insatiable,
Il déjouera toujours et leurs plans et leurs vœux.

---

(1) Pérez de Valence dit, qu'on doit entendre par *superbos*
potentes et divites inanes, les démons.

Deposuit potentes de sede et exaltavit humiles. (1)

Aussitôt qu'il le veut la puissance illusoire
Des démons et des rois disparoît en un jour ;
Les humbles sont reçus aux trônes de la gloire,
Et les amis de Dieu vont régner à leur tour.

Esurientes implevit bonis et divites dimisit inanes.

Aux pieux indigens prodiguant sa richesse,
Il partage ses dons à ses vrais serviteurs ;
Mais les présomptueux tombent dans la détresse,
Et tout esprit superbe éprouve ses rigueurs.

*Suscepit Israel puerum suum, recordatus misericordiæ
suæ.*

Israël eut toujours des droits à sa clémence ;
Il en fut protégé comme un enfant chéri :
Que le Messie enfin comble son expérience,
Le plus grand de ses vœux est bientôt accompli.

*Sicut locutus est ad patres nostros ; Abraham et se-
mini ejus in secula.*

Dieu n'a jamais donné de plus ample promesse
Aux patriarches saints qui furent nos aïeux :
Les descendans d'Isaac ont attendu sans cesse
Et n'ont pas vu le Christ promis à leurs neveux.

———————————

(1) Et par *humiles*, *esurientes*, les âmes des lymbes que
J. C., à sa résurrection, emmena en triomphe aux cieux.

COMPLIES.

PSAUME IV.

Notice historique sur ce Psaume.

David fuyant la révolte d'Absalon, passa le Jourdain et se trouva à Mahanaïm dans un désert, comme exilé de la terre Sainte et manquant de tout. Alors il adressa à Dieu le Psaume xxxvi, *Noli æmulari*, qui est fort long, et le xxxix à l'occasion de la détresse de toute son armée.

Il fut aussitôt exaucé : les plus riches du pays vinrent lui apporter tout ce dont il pouvoit avoir besoin.

C'est après avoir reçu ces secours, qu'il composa ce psaume pour en marquer à Dieu sa reconnoissance, pour instruire ses gens et pour les animer à mettre, à son exemple, leur confiance en Dieu.

Mais c'est surtout le chrétien qui doit le réciter pour s'exciter à la reconnoissance, à la patience dans ses maux, et à la confiance en Dieu, à la vue des grâces que nous recevons et que nous esperons recevoir de Jésus-Christ.

Bellarmin affirme que ce Psaume est un des plus utiles en ce qu'il regarde et concerne particulièrement Jésus-Christ ; qu'il fut accordé au plus habile des chantres, et qu'il doit être chanté sur la musique.

Vassoul ajoute que ce Psaume convient à toute personne qui renonce à ses attachemens criminels ; que l'amour de Dieu détache de tout, et que ce Dieu lui-même opère des merveilles dans l'âme qui le cherche ; il l'éclaire et la reçoit à bras ouverts.

Cum

Cum invocarem, exaudivit me Deus justitiæ meæ,
in tribulatione dilatasti mihi.

Dès que mon âme est dans le trouble,
Que la peine agite mon cœur,
Ma foi se réveille, redouble,
Et j'invoque ainsi le Seigneur :
Vous seul inspirez la justice ;
Daignez m'être toujours propice
Et prendre part à mes soupirs !
Aussitôt de la patience
Je sens la joyeuse assistance
Qui vient soulager mes désirs.

Miserere mei, et exaudi orationem meam.

Pourrois-je exprimer les misères
Qui m'assiègent dans cet exil,
Et combien de douleurs amères
Augmentent encor mon péril !
Usez donc, Seigneur, d'indulgence :
Que votre divine clémence
Vienne ranimer ma raison !
Prêtez une oreille attentive
Aux accens de ma voix plaintive
Pour exaucer mon oraison !

Filii hominum, usquequò gravi corde ? ut quid dili-
gitis vanitatem et quæritis mendacium.

Jusqu'à quand aux bords des abîmes
Resterez-vous, enfans d'Adam,
A traîner le poids de vos crimes
Et braver le Dieu d'Abraham ?
Quel aveuglement vous inspire
D'encenser, dans votre délire,

L'idole de la vanité ?
Le mensonge a pour vous des charmes,
Mais il ne cause que des larmes
Dans ce monde et l'éternité !

Et scitote quoniam mirificavit Dominus sanctum suum;
Dominus exaudiet me cum clamavero ad eum.

Apprenez donc comme il faut vivre
Et méditer votre devoir ;
Dieu vous donne un modèle à suivre
Qui seul est votre unique espoir :
Rappelez à votre mémoire
Son cher fils monté dans sa gloire
Du sein des tourmens d'ici bas ;
Dès que je lui fais mon offrande,
J'obtiens tout ce que je demande ;
Il vous tend comme à moi les bras.

Irascimini et nolite peccare ; quæ dicitis in cordibus
vestris, in cubilibus vestris compungimini.

Concevez de l'impatience
De vos coupables actions ;
Usez désormais de prudence :
Pesez mieux vos intentions ;
Méprisez toutes ces paroles,
Ces images vaines, frivoles
Que chacun condamne en son cœur ;
Abjurez vos fautes passées ;
S'il vient de mauvaises pensées,
Combattez-les avec ardeur.

Sacrificate sacrificium justitiæ et sperate in Domino :
multi dicunt : quis ostendit nobis bona ?

Faites à Dieu le sacrifice
Du vieil homme et du vieux levain ;
Abandonnez pour sa justice
Tout désir coupable, incertain ;

Alors votre unique ressource
Vous attend après cette course :
Envain dira l'ambitieux :
Qui peut nous montrer dès ce monde
Ces biens où votre espoir se fonde,
Ce prétendu bonheur des cieux ?

Signatum est super nos lumen vultus tui Domine.

Quoi ! Seigneur, étant votre ouvrage,
Je n'existerois plus demain !
Et dans mon âme votre image
Seroit tracée, empreinte envain !
J'aurois le don d'intelligence
Comme un rayon de votre essence
Pour s'éteindre dans le néant !
Non, mon Dieu, mon cœur qui vous aime,
Se réjouit du bien suprême
Qui dans votre gloire l'attend.

Dedisti lætitiam in corde meo.

Vos dons imprimés dans nos âmes,
Ne sont pas l'effet des hasards,
Vos qualités en traits de flammes
S'apperçoivent dans nos regards :
Toute âme grande et généreuse
Qui désire tant d'être heureuse,
L'est-elle en effet dans ces lieux ?
Ah ! que ma joie anticipée
Qui ne peut plus être trompée,
Ne fasse qu'aspirer aux cieux !

A fructu frumenti, vini et olei sui multiplicati sunt.

Que les fortunés de ce monde
Amassent les dons de l'été,
Que leur espérance se fonde
Sur leur opulente fierté ;

Que leurs familles s'agrandissent ;
Que mille soins les étourdissent
Sur un trop certain avenir ;
Qu'ils envahissent les richesses
Par toutes sortes de finesses ;
Ils auront le temps d'en gémir !

In pace in idipsum dormiam et requiescam ; quoniam tu Domine singulariter in spe constituisti me.

Mais moi, loin de telles amorces
Que je compte ici bas pour rien ,
Le Seigneur me donne des forces
Pour gâgner le souverain bien.
Ne désirant plus autre chose ,
Mon esprit en paix s'y repose
Et ne craint plus d'être trompé ;
J'en fais ma principale étude :
J'aspire à la béatitude
Dont je suis sans cesse occupé.

PSAUME XC.

Extrait du Psautier dans l'ordre historique.

David s'étant sauvé du palais de Saül qui avoit voulu attenter à sa vie , s'en alla à Najoth , maison de campagne du prophète Samuel. Les archers de Saül y étant allés pour le prendre , trouvèrent une troupe de prophètes qui chantoient les louanges de Dieu, à la tête desquels étoient Samuel et David ; ils furent saisis eux-mêmes de l'esprit du Seigneur, et se mirent à prophétiser et chanter aussi. Saül en ayant été averti , envoya d'autres archers qui prophétisèrent comme les premiers. Il en envoya pour la troisième fois qui prophétisèrent de même. Saül y alla en personne, mais il fut aussi saisi de l'esprit du Seigneur, et il prophétisa même durant tout le chemin. Etant arrivé à Najoth, il continua à prophétiser avec les autres devant Samuel chez lequel il demeura tout le jour et toute la nuit, et David s'enfuit de Najoth. v. 1. des Rois xix. 20. 24. xx. 1.

Dieu ayant ainsi fait perdre de vue à Saül et à ses archers le criminel dessein qui les avoit amenés, et donné à David le moyen de leur échapper, ils eurent la honte de s'en retourner sans avoir pu rien attenter contre lui. Ce fut donc pour remercier Dieu de l'avoir délivré de ce premier danger, et de tous les autres qu'il avoit courus jusqu'ici de nuit et de jour, soit chez lui, soit à la cour de Saül, que David composa ce psaume, où il marque combien il est avantageux et nécessaire de mettre en Dieu toute sa confiance, à quelques dangers que l'on soit exposé.

Ce psaume convient d'une manière particulière à Jésus-Christ, délivré plusieurs fois des poursuites de ses ennemis dans le cours de son ministère, et pour toujours par sa résurrection.

Nous y trouvons aussi les motifs et les avantages d'une parfaite confiance en Dieu dans toutes nos peines et dans tous les périls auxquels nous sommes exposés en cette vie, surtout de la part des ennemis du salut. C'est dans cette vue que l'église le fait réciter à l'office des Complies, afin de nous rassurer contre tous les dangers.

Le P. Vassoul ajoute : Bonheur d'un homme que Dieu prend sous sa protection. Dieu est sa ressource et son espérance ; il le défend contre ses ennemis, le rassure contre ses craintes, le préserve des mal-

heurs et des accidens qui arrivent aux autres ; il
ordonne à ses anges d'en prendre soin ; il est son
libérateur, exauce ses prières, est avec lui dans la
tribulation, multiplie ses jours et le couronne d'une
gloire immortelle.

Qui habitat in adjutorio altissimi, in protectione Dei
cœli commorabitur.

A l'ombre du très-haut celui qui se confie
Et des secours humains en son cœur se défie,
Fuit les attraits menteurs de toute volupté ;
Sous un Dieu si puissant toujours en assurance,
Il admire et chérit sa sainte providence,
Et ne craint pour soi-même aucune adversité.

Dicet Domino : susceptor meus es tu et refugium
meum, et Deus meus, sperabo in eum.

Mais s'il veut mériter de sa main protectrice ;
Il lui dira : — Seigneur, accepte mon service :
Je te donne mon cœur ; mon espoir est en toi :
Dans mes tentations et mes autres misères,
Daigne enflammer mon zèle, exaucer mes prières
Et prendre en ta bonté le plus grand soin de moi !

Quoniam ipse liberabit me de laqueo venantium
et à verbo aspero.

Qu'en effet près de moi le malin esprit rôde,
Contre moi que l'impie organise sa fraude,
De tous ces mauvais pas Dieu me délivrera ;
Qu'on accable mes jours d'outrage et d'amertume ;
A coup sûr de ces lieux où mon corps se consume,
Je le louerai, prierai tant qu'il me sauvera.

Scapulis suis obumbrabit tibi , et sub pennis ejus sperabis.

—Oui, dans tes embarras ses bontés paternelles
Te mettront chaque jour à couvert sous ses aîles
Des coups, des traits brûlans des perfides chasseurs;
Ses promesses ont lieu comme il les a données :
Ces épreuves pour toi de succès couronnées
Te sauveront des mains de tes persécuteurs.

Scuto circumdabit te veritas ejus : non timebis à timore nocturno.

L'auguste vérité qui toujours t'environne
Est comme un bouclier que le Seigneur te donne
Pour te mettre à l'abri des flèches du péché ;
Elle produit toujours une vive lumière ,
Et t'empêche de craindre une ignorance altière
Qui voudroit te frapper d'un trait qu'elle a caché.

A sagitta volante in die , à negotio perambulante in tenebris , ab incursu et demonio meridiano.

Elle sait garantir des feintes du mensonge,
Des complots ténébreux qu'elle voit comme en songe ;
Que de perversités nulles à ses rayons !
Elle fait éviter le malin subterfuge ;
Contre la trahison elle sert de refuge
Et sauve des filets de l'homme et des démons.

Cadent à latere tuo mille et decem millia à dextris tuis , ad te autem non appropinquabit.

Juste, n'as-tu pas vu, malgré leurs résistances ,
Dans les malheurs publics et d'autres circonstances ,
Des milliers de pécheurs tomber à tes côtés ?
Dans les séditions et les guerres civiles ,
Les sièges, les combats et la prise des villes,
Combien de malheureux que le glaive a domptés !

Eh ! combien de mortels à tes yeux sont la proie
De ces fléaux vengeurs que le ciel leur envoie
Et tombent en tous sens sous la faux de la mort !
Mais ni ces accidens , ces châtimens terribles,
Ni les suggestions des êtres invisibles ,
Sous l'égide d'un Dieu, ne troubleront ton sort.

Verumtamen oculis tuis considerabis , et retributionem
peccatorum videbis.

Observe cependant cette action divine
Qui prévaudra toujours, qui protége ou ruine ,
Selon le juste droit qu'elle exerce en tous lieux ;
Peux-tu pour l'autre vie avoir trop de prudence ?
Tu verras les damnés éprouver sa vengeance,
Et loin de ton bonheur subir un sort affreux !....

Quoniam tu es Domine spes mea, altissimum posuisti
refugium tuum.

—Toi seul es , ô mon Dieu, mon unique espérance ;
Je te donne aujourd'hui toute ma confiance ;
Garantis moi du monde et de ses faux appas !....
—Le refuge très-haut que ce Dieu te prépare ,
Homme juste , en ces lieux , est ton céleste phare ,
Que tes yeux attentifs ne s'en détournent pas !

Non accedet ad te malum , et flagellum non appro-
pinquabit tabernaculo tuo.

Pourrois-tu craindre encor les traits de l'infortune ,
Ou quelqu'adversité chez d'autres si commune ?
Non ! ce qu'on nomme un mal sera ton bien réel :
A ces calamités tu seras insensible ;
Tu verras ton bonheur dans un malheur visible ;
Dans l'épreuve un dégré pour t'élever au ciel.

Quoniam

*Quoniam angelis suis mandavit de te ut custodiant te
in omnibus viis tuis.*

Le Seigneur donne l'ordre aux anges qu'il commande
D'assurer ton salut quand ton cœur le demande ;
Ils te garantiront de toute adversité :
Ils seront avec toi pour soutenir ta voie ;
Dans la peine avec eux tu seras dans la joie,
Et même indifférent pour la prospérité.

*In manibus portabunt te, ne forte offendas ad lapi-
dem pedem tuum.*

Tu sentiras partout leur divine assistance :
Peux-tu, sous un tel Dieu douter de leur puissance ?
Et ne peuvent-il point te porter dans leurs mains ?
Ils font devant tes pieds précéder la lumière ;
Du chemin de la vie ils écartent la pierre,
De crainte des faux pas si communs aux humains.

*Super aspidem et basiliscum ambulabis et conculcabis
leonem et draconem.*

Sur l'aspic infernal qui se cache sous l'herbe
Et sur le basilic à la tête superbe,
Tu marchéras toujours comme un triomphateur ;
Tu vaincras les assauts des lions homicides ;
Du dragon des payens les fureurs parricides
Ne pourront ébranler la foi de leur vainqueur.

*Quoniam in me speravit liberabo eum : protegam eum
quoniam cognovit nomen meum.*

Puisqu'il a mis en moi, dit Dieu, son espérance ;
Qu'il m'a sur toute chose aimé de préférence :
Je serai son appui, je briserai ses fers ;
Il a connu mon nom et chanté mes louanges ;
Il intéresse à lui tous les saints et les anges,
Qu'il ne craigne jamais les tourmens des enfers,

7.

*Clamavit ad me et ego exaudiam eum ; cum ipso sum
in tribulatione , eripiam eum et glorificabo eum.*

Nul motif n'affoiblit sa demande équitable ;
Sa ferveur est toujours sincère et véritable ;
Je l'exauce aussitôt, je contente ses vœux.
Quand la peine à son tour survient et le désole ;
Ma grâce promptement descend et le console,
Et s'il meurt, dans ma gloire il est sans cesse heureux !

*Longitudine dierum replebo eum : et ostendam illi
salutare meum.*

Arrivé dans mon sein de sa longue tourmente ,
Mes siècles éternels surpassent son attente :
De son bonheur céleste il est tout transporté ;
Il s'y trouve plutôt qu'il n'avoit osé croire ;
Il voit son rédempteur qui règne dans sa gloire ;
Il y règne avec lui pendant l'éternité.

CONCLUSION DU PSAUME XC.

De tous les moyens inventés par les hommes
pour se procurer quelque lueur de bonheur en ce
monde , il n'y en a aucuns aussi certains que ceux
qu'indiquent le psaume *Beatus* et le *Qui habitat.* On
a vu que dans l'un , ces moyens consistent particulièrement, dans les œuvres de miséricorde et le témoignage d'une bonne conscience ; dans celui-ci , ces
moyens enseignent à se défier des secours humains ;
à ne se reposer que sur Dieu en toute chose ; à fuir
toute espèce de volupté , et à ne redouter aucuns
malheurs.

Mais pour être animé de ces sentimens, il faut
les demander à Dieu de la manière indiquée au

deuxième verset, et faire tout son possible pour les mériter; car de soi-même on n'est capable de rien de bien.

Quand on ne se repose que sur soi, on court tous les risques d'être victime des tentations et des pièges du monde et du démon; on est exposé à être dupe de toutes les ruses et de toutes les intrigues des jaloux, des envieux et autres ennemis qui se multiplient sous toutes les formes.

Comment puis-je espérer que Dieu me mette à couvert sous sa protection des coups de mes persécuteurs, si je n'ai pas foi à ses promesses, et si je ne l'intéresse pas à mon sort ? On nous a toujours prouvé partout que Dieu est la vérité même ; que cette vérité immuable, éternelle et puissante comme lui, est comme un bouclier impénétrable qui peut nous garantir des flèches de la concupiscence originelle, des flèches de la tentation du malin esprit, et du mauvais exemple du monde, et des flèches de toute espèce de séduction. Puisque les promesses de Dieu sont d'éternelle vérité, pourquoi ne pas s'y fier ? pourquoi ne pas chercher à les connoître et à les approfondir ? Quelle auroit été autrefois la démence d'un guerrier qui, dans le fort du combat, ayant un bouclier à sa disposition, ne s'en seroit pas servi pour éviter les coups de ses ennemis ?

Pourquoi donc ne pas se refugier sous les auspices de cette vérité ? puisqu'on la compare encore à un flambeau lumineux qui peut nous mettre en garde contre les feintes du mensonge; qui nous aide à déjouer toutes sortes de complots et de perversités dirigés contre nous ; toutes sortes de trahisons et de subterfuges dont le monde est rempli; pourquoi ne pas marcher à la clarté de ce flambeau dans cette nuit ténébreuse où nous sommes toujours plongés en cette vie ?

Dans les séditions, les guerres civiles, les sièges des places fortes, on voit des milliers de malheureux tomber sous le glaive de la mort ; dans des temps de fléaux et de désastres, elle en moissonne à droite et à gauche ; il en tombe autant que d'épis et de brins d'herbe sous sa faux meurtrière, parce que les chefs des armées et des peuples ne mettent nullement leur confiance en Dieu, ne remontent point à ses promesses, et loin de se conformer à ce qui est d'éternelle vérité, donnent un entier consentement à toutes les illusions de l'orgueil, de la vengeance et d'une présomptueuse suffisance.

On voit tant de révolutions de fortune et de familles, tant de gens dupes des tentations du démon et des espérances fallacieuses du monde, tant d'hommes qui sont victimes du mensonge et de l'injustice ; et ces expériences fatales et multipliées ne seroient pas encore capables de faire ouvrir les yeux de notre intelligence ! et nous ne pourrions comprendre qu'il n'y a que sous l'égide d'un Dieu qu'on peut éviter, ou au moins adoucir tous ces malheurs !

Quoi ! on est si aux aguets pour saisir le cours du commerce ; on fait attention à tant de choses frivoles, et l'on n'observeroit pas la cause qui protége l'homme ici bas, ou qui ruine ses desseins en tant de manières ! on ne feroit aucune réflexion sur des récompenses à mériter et des châtimens à éviter en l'autre vie !

Après cet exposé, le prophète atteste que Dieu est cependant le seul être qui mérite toute notre confiance. Il lui adresse sa prière pour nous apprendre à suivre son exemple ; et se retournant vers l'homme juste, il l'engage à tenir toujours ses yeux fixés sur cet unique refuge, comme un pilote battu par la tempête qui apperçoit le port après lequel il aspire.

Il l'assure qu'il n'aura ni infortune, ni adversité à craindre, parce qu'il en sera garanti, ou s'il éprouve quelques calamités, ce ne sera que pour l'éprouver et lui faire mériter un meilleur sort.

Il lui promet même que ce Dieu tout-puissant commandera à ses anges de le garder dans ses voies quand il le faudra, et qu'ils le porteront plutôt dans leurs mains que de le laisser succomber aux obstacles de cette vie.

Il l'enhardit à fouler aux pieds l'aspic et le basilic, le lion et le dragon qui ne sont autre chose que la figure des démons qui nous tentent : les deux premiers sous la forme de reptiles qui se glissent furtivement dans nos pensées pour nous faire consentir au mal, et les deux autres sous l'emblême de quadrupèdes voraces qui cherchent à nous dévorer de vive force par les moyens d'hommes persécuteurs et séducteurs.

Ici le prophète laisse parler Dieu lui-même : je le délivrerai, dit-il, de tous dangers parce qu'il a espéré en moi ; je le protégerai envers et contre tous, parce qu'il a connu et invoqué mon nom.

Qu'il m'invoque sans cesse, et en toute occasion je l'exaucerai aussitôt ; je lui aiderai à supporter les tribulations ; je serai avec lui ; je l'assisterai ; je le délivrerai quand il en sera temps des peines de son exil et je le couronnerai victorieux dans la béatitude éternelle.

C'est-là qu'il se rassasiera de toute la plénitude d'une félicité parfaite qui surpassera son attente, et qui le transportera d'une joie d'autant plus grande qu'il s'y verra plutôt qu'il n'avoit osé l'espérer !

C'est-là que l'essence divine n'aura plus rien de voilé pour lui, et que tous les mystères de la rédemption se développeront à ses regards, et le feront jouir d'une gloire indicible pendant l'éternité des siècles.

PSAUME CXXXIII.

Notice historique.

Quand l'arche d'alliance fut placée sur la montagne de Sion, et que David eut achevé d'offrir des holocaustes et des sacrifices d'actions de grâces, il bénit le peuple au nom du Seigneur des armées ; il donna à chacun d'eux, tant hommes que femmes, un gâteau, un morceau de viande et une bouteille de vin, et chacun s'en retourna chez soi. II. *Rois.* VI. XIX.

Ce fut avant que de les renvoyer qu'il fit chanter le Psaume 77 : *Attendite popule meus*, qui avoit été composé pour leur instruction en 72 versets. Il y décrit la conduite de leurs pères à l'égard de Dieu, et celle de Dieu à l'égard de leurs pères ; il y relève le choix que Dieu avoit fait de la tribu de Juda et de la montagne de Sion, de préférence à la tribu d'Ephraïm et à la ville de Silo, où l'arche avoit été placée d'abord.

Mais c'est principalement Jésus-Christ qui y parle et instruit les Chrétiens de la conduite des Juifs à son égard, de sa conduite à l'égard des Juifs, et de la substitution de l'église à la synagogue.

Après cela, David établit des Lévites pour servir devant l'arche, chacun à leur tour, et pour chanter les louanges du Seigneur le Dieu d'Israël. Ce fut à ces Lévites qu'il laissa le Psaume suivant pour les engager à bénir le Seigneur nuit et jour.

L'église qui nous le fait chanter, surtout à l'office de Complies, nous y invite à adresser à Dieu de ferventes et continuelles prières, surtout pendant la nuit.

Le psautier dans l'ordre historique entend *In noctibus* différemment que Saint-Jérôme, qui l'interprète par la nuit de l'adversité.

Ecce nunc benedicite Dominum, omnes servi Domini.

C'est maintenant, peuple fidèle,
Qu'il vous faut bénir le Seigneur.
Elus, déployez un saint zèle,
Et qu'on imite votre ardeur !

Qui statis in domo Domini, in atriis domûs Dei nostri.

Vous qui par vos humbles mérites
Illustrez la maison de Dieu,
Priez, fervens et saints Lévites,
Adorez-le dans son saint lieu !
Et vous qui nouveaux dans son temple,
Venez connoître l'Eternel,
Commencez à suivre l'exemple
De ceux qui vous montrent le ciel.

In noctibus extollite manus vestras in sancta, et bene-
dicite Dominum.

Elevez les mains vers son trône,
Dans la nuit de l'adversité,
Et faites pour lui quelqu'aumône,
Aux jours de la prospérité.
Priez d'une intention pure ;
Faites tout au nom du Seigneur ;
Usez des biens de la nature,
Mais reconnoissez son auteur.

Benedicat te Dominus ex Sion, qui fecit cœlum et terram.

Il bénira vos entreprises
Et vous deviendrez ses enfans ;
C'est en l'adorant aux Eglises
Que vous serez reconnoissans.

Il a fait les cieux et la terre,
Il gouverne tout l'univers ;
Mais Sion est son sanctuaire
Où le Chrétien l'aime et le sert.

CANTIQUE DE SAINT-SIMÉON.

On n'a pu trouver que Perez de Valence qui, d'après les Evangélistes, donne quelques notions sur St.-Siméon et son Cantique : 1°. il étoit homme juste en ce qu'il se conformoit en tout à la volonté divine ; 2°. il craignoit Dieu et étoit respecté ; 3°. il attendoit la rédemption d'Israël, ce qui prouve sa foi et son espérance en Dieu ; 4°. le St.-Esprit l'inspiroit ; 5°. il étoit revêtu d'une dignité sacerdotale dans le temple et étoit fort âgé ; 6°. il avoit eu révélation qu'il ne mourrait point qu'il n'eût vu le Messie. Il n'y a rien d'étonnant d'après ces éminentes qualités qu'il ait eu le don de prophétie, et qu'étant instruit des circonstances de la naissance de cet enfant qu'on présentoit au temple, il l'ait pris dans ses bras, et le regardant avec admiration, il ait proféré, par inspiration divine, les paroles prophétiques qui composent son Cantique.

Ce Cantique est le plus estimé après le *Magnificat*, et fait comme la clôture des Complies du Dimanche.

Nunc

Nunc dimittis servum tuum, Domine, secundùm verbum
tuum in pace.

Tu viens d'exaucer ma prière,
Je n'attends plus rien désormais;
Laisse ton serviteur en paix,
Seigneur, terminer sa carrière !
Quia viderunt oculi meï salutare tuum.

Mes yeux ont vu mon Rédempteur,
Ce cher enfant qui nous console,
Vient à nous selon ta parole,
S'immoler pour notre bonheur.

Quod parasti antè faciem omnium populorum.

Ce n'est plus pour nous un mystère,
O désiré des nations,
Parois comme nous t'attendions,
Aux regards de toute la terre.
Ta belle étoile, à ton berceau
Brille déjà comme une aurore;
Si dès à présent on t'adore,
Que sera-ce sur ton tombeau?

Lumen ad revelationem gentium, et gloriam plebis
tuæ Israel.

Tu feras prêcher ta doctrine
Devant toutes les nations,
Et tes belles instructions
Prouveront leur source divine.
Parois, cher Fils de l'Eternel,
Commence ta noble carrière,
Et fais par ta mort et ta gloire
Le salut de tout Israel.

www.ingramcontent.com/pod-product-compliance
Lightning Source LLC
Chambersburg PA
CBHW051121050726
47594CB00003B/891